AF227334

# Discours

PRONONCÉ EN

L'ÉGLISE DE NOTRE-DAME DE LA CONSOLATION

(MARTINIQUE)

Le 29 Août 1888

POUR LA

BÉNÉDICTION DES NOUVELLES ORGUES

PAR

## Mgr J. RIOU

CAMÉRIER D'HONNEUR DE SA SAINTETÉ, VICAIRE GÉNÉRAL DE LA MARTINIQUE

SAINT-PIERRE (MARTINIQUE)

1888

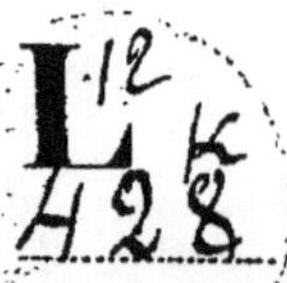

# Discours



## L'ÉGLISE DE NOTRE-DAME DE LA CONSOLATION

(MARTINIQUE)

Le 29 Août 1888

POUR LA

## BÉNÉDICTION DES NOUVELLES ORGUES

PAR

## Mgr J. RIOU

CAMÉRIER D'HONNEUR DE SA SAINTETÉ, VICAIRE GÉNÉRAL DE LA MARTINIQUE

---

## SAINT-PIERRE (MARTINIQUE)

—

1888

# Discours

PRONONCÉ EN

## L'ÉGLISE DE NOTRE-DAME DE LA CONSOLATION

POUR LA

## BÉNÉDICTION DES NOUVELLES ORGUES

---

*Benedicite, omnia opera Domini, Domino.*
Œuvres de Dieu, chantez et bénissez
votre Créateur.

DANIELIS III, 57.

Monseigneur [1],

Mes Frères,

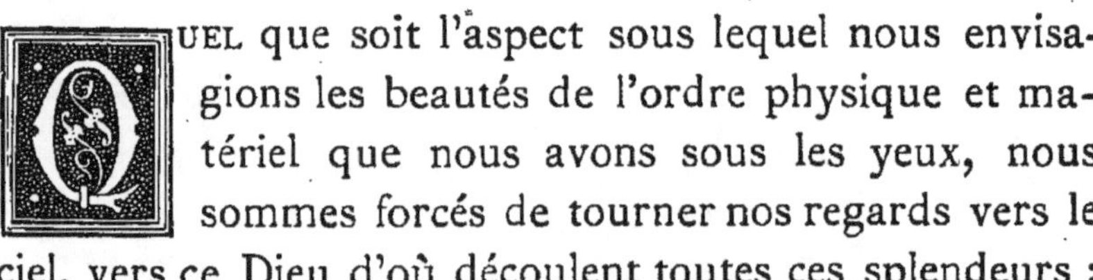

UEL que soit l'aspect sous lequel nous envisagions les beautés de l'ordre physique et matériel que nous avons sous les yeux, nous sommes forcés de tourner nos regards vers le ciel, vers ce Dieu d'où découlent toutes ces splendeurs : Dieu, qui renferme dans son infinie simplicité tout ce

---

[1] Mgr CARMÉNÉ, évêque de la Martinique.

qu'il y a de beauté et d'harmonie, tout ce qu'il y a
de grand, toutes les magnificences qui se présentent à
notre vue et que notre imagination nous révèle à travers
le prisme doré de nos illusions et de nos rêves.

Aussi la religion catholique, dont le but est de nous
faire connaître les infinies perfections de Dieu afin de
nous le faire aimer davantage, ne pouvait rester indif-
férente à cette propension de l'esprit humain ; elle ne pouvait que favoriser et développer, par tous les moyens
en son pouvoir, ce travail d'ascension de l'esprit vers
la vérité et vers tout ce qu'il y a de plus grand sur
la terre.

Si la Providence dirigeait un jour vos pas vers l'Europe, visitez Rome, parcourez cette ville des papes,
pénétrez dans ses immenses galeries du Vatican, et il
vous sera facile de vous convaincre que, sous quelque
aspect que s'est présentée la science, les souverains
pontifes, se souvenant des paroles que notre divin
Maître adressait à ses apôtres : *Euntes docete,* « allez,
enseignez », se sont toujours montrés, quoi qu'on en
dise aujourd'hui, non seulement les gardiens, mais
encore les promoteurs et les protecteurs-nés de tout
vrai progrès intellectuel et scientifique, aussi bien
dans la sculpture que dans la peinture, aussi bien dans
la poésie que dans la musique. Les Raphaël, les Bra-
mante, les Michel-Ange et les Canova ont été les fils
chéris de la Papauté ; et, au milieu des révolutions qui
menacent d'engloutir les trônes et les sociétés, l'immor-
tel vieillard qui occupe aujourd'hui la chaire de saint
Pierre, le premier trône du monde, malgré sa pauvreté,

Léon XIII ne cesse d'envoyer des paroles de précieux encouragement aux vrais savants de notre époque.

Représentant auguste du Christ et de son vicaire sur la terre, votre place d'honneur, Monseigneur, était tout naturellement marquée à cette cérémonie, qui a pour but de consacrer au culte divin ce nouvel instrument, qui va être chargé d'être l'interprète de toute la population, pour porter au pied du trône de l'Éternel ses sentiments de reconnaissance et de joie, comme aussi les accents de sa tristesse et de son deuil.

De cette île de la Martinique on peut dire ce que Guizot disait de la France : que ce sont les prêtres et les évêques qui l'ont faite, comme les abeilles leur ruche de miel. Votre page, Monseigneur, sera belle dans l'histoire de ce pays. A n'envisager seulement que les œuvres purement religieuses, que d'églises réparées et consacrées ! que de clochers édifiés ! que de cloches bénites ! et, pour ne parler que des orgues, que de fois votre main épiscopale ne s'est-elle pas ouverte pour les bénir et faire de ces instruments encore profanes les porte-voix de nos populations si chrétiennes ! La Martinique a été nommée à juste raison la perle des Antilles. Nous n'avons rien à envier aux colonies voisines ; j'irai plus loin : nous n'avons rien à envier à la mère patrie. N'avons-nous pas nos orgues du Mouillage, du Fort, du Centre, du Morne-Rouge, du Lamentin, sans oublier ce bijou de l'art moderne qui a fait l'admiration des artistes de la métropole, et qui fait la gloire, non seulement de votre cathédrale de Fort-de-France, mais encore de votre diocèse et de toutes les Antilles ?

L'orgue est un instrument merveilleux dans son ensemble, merveilleux dans la variété de la combinaison de ses jeux, merveilleux dans son mécanisme, merveilleux surtout dans la puissance qu'il produit. Je n'essayerai pas d'envisager le royal instrument sous toutes les formes que je viens de vous présenter : je déclare hautement mon incompétence à traiter pareil sujet; je veux simplement me borner à vous montrer l'antiquité du chant et de l'harmonie dans le monde, la mission confiée à l'orgue d'être l'auxiliaire de la voix humaine pour louer Dieu, et son influence moralisatrice sur le peuple.

Le chant, on peut le dire sans exagération, prit naissance en même temps que le monde, et le premier usage que l'homme fit de la parole, ce fut sans doute de chanter un hymne de reconnaissance à son Dieu. Quand notre premier père s'éveilla du néant sous le souffle puissant du Créateur, son oreille fut frappée d'une foule de bruits agréables, qui formaient la plus suave harmonie que l'on puisse rêver : dans le lointain bourdonnait une cascade, un ruisseau murmurait doucement à ses pieds, et le zéphyr frémissait dans les feuilles; l'air était rempli de notes délicieuses, la création tout entière saluait l'arrivée du Maître. Provoqué par ces concerts, Adam fit à son tour entendre sa voix parlante, sa royale et inimitable voix, et convia toutes les créatures à bénir le Seigneur. Aussi le poète inspiré, racontant les merveilles du monde à sa naissance, s'écrie dans l'élan de sa joie : « O mon âme, bénis le Seigneur et chante ses bienfaits. » *Benedic, anima mea,*

*Domino.* Et plus loin, associant la nature à ses transports de reconnaissance, il s'écrie : « Les cieux racontent la gloire de Dieu, les collines bondissent comme des agneaux, et les fleuves battent des mains pour applaudir. » *Cœli enarrant gloriam Dei, flumina plaudent manu, et colles exultant sicut agni ovium.* La nature, en effet, n'a-t-elle pas une langue, et tout ce qui vit n'a-t-il pas une voix pour exalter votre puissance, ô mon Dieu? Le petit oiseau chante, et à son lever salue l'astre du jour qui rend la vie à la terre, ou plutôt le Créateur qui vient tirer l'homme de son sommeil comme autrefois du néant. L'humble insecte caché sous l'herbe a aussi son hymne pour bénir la Providence qui protège sa faiblesse. L'enfant, dans ses joyeux ébats, chante et redit les airs appris sur les genoux maternels ; le berger chante des airs rustiques en accompagnant son troupeau dans les sentiers de la montagne, et du temps de Virgile, comme au temps de saint Jérôme et au nôtre, le laboureur chante en guidant ses bœufs qui marchent devant lui à pas lents. Dans nos villes surtout, l'ouvrier, comme pour chasser l'air pesant et empoisonné qui l'opprime, dilate ses poumons par des chants, heureux quand ils ne sont pas inspirés par les fumées de l'alcool et du vin! La douleur elle-même a des chants pour se distraire, elle soupire tristement ses élégies. Tout chante sur la terre, mais tout chante surtout au ciel, le séjour du bonheur, où l'éternelle occupation des saints et la plus douce de leurs récompenses sera de chanter un éternel alléluia à la louange de Dieu sur leurs harpes d'or.

Le chant est donc, Mes Frères, comme vous le voyez, le compagnon assidu de l'homme, l'associé de ses joies et de ses peines sur la terre d'exil : tant ce besoin est inné à notre âme ! comme le dit saint Jean Chrysostome. Ne vous en étonnez pas : Dieu étant l'harmonie et la musique essentielle qui met partout le concert et l'unité, et tenant entre ses mains le monde entier comme une vaste lyre, l'homme ne serait pas son image, s'il n'avait pas une âme musicienne, ou plutôt s'il n'était pas lui-même une harmonie vivante. C'est ce qui explique cette correspondance toujours sympathique entre les sentiments du cœur et les résonances mélodieuses, qui fait que les fibres de l'âme sont toujours prêtes à frémir aux auditions de l'harmonie, comme la corde d'un violon sous l'archet de l'artiste.

Mais l'homme, dans sa reconnaissance envers son Créateur, ne se contenta bientôt plus de chanter seul la gloire de Dieu; il voulut associer à ses transports l'univers tout entier : il entreprit de faire chanter la nature; et l'histoire, nous parlant des premières inventions des enfants des hommes, nous dit qu'un des fils de Caïn, Jubal, fut le père de ceux qui commencèrent à jouer des instruments et à s'en servir pour accompagner leurs chants. Le souffle humain reçu dans un roseau, les nerfs d'un animal tendus sur l'écaille vide d'une tortue, produisirent les premiers sons : la flûte et la lyre étaient trouvées. Telle fut, Mes Frères, l'origine des instruments de musique, de ces appareils que saint Paul appelle des choses privées d'âme et pourvues de voix : *quæ sine anima sunt vocem dantia.* Et l'homme s'est toujours montré si passionné pour cette sorte d'inventions, qu'il serait difficile de dire ce qui agit le plus fortement sur lui, ce qui remue davantage sa sensibilité, ou ces voix artificielles ou sa propre voix.

Nous arrivons à l'orgue et à son influence moralisatrice.

Il restait à l'homme à trouver un instrument composé de plusieurs, dont les sons s'harmoniseraient ensemble. Déjà il avait ajusté l'un contre l'autre des roseaux inégalement taillés, qui, successivement effleurés par ses lèvres, lui donnaient une suite de sons. Il eut ensuite l'idée de placer cette sorte de flûte sur un réservoir d'où s'échapperaient dans plusieurs tuyaux à la fois, soit l'air accumulé, soit l'eau vaporisée, car l'un et l'autre système fut essayé dès les temps anciens. C'est ainsi que l'orgue prit naissance : l'instrument harmonique venait de se révéler, et déjà il règne au milieu de l'admiration qu'il a conquise en apparaissant. Rohrbacher nous raconte, dans son *Histoire de l'Église,* qu'aux premiers accents du nouvel instrument, envoyé par le calife de Bagdad, Haroun-al-Raschid, au grand Charlemagne, la foule se prosterna le front contre terre dans le temple sacré, croyant que les anges étaient descendus sur la terre pour y faire entendre les harmonies célestes.

Sans doute, il y avait loin encore de cet orgue grossier aux chefs-d'œuvre que nous livrent aujourd'hui des mains aussi intelligentes qu'expérimentées; mais les arts, comme on le sait, sont le fruit de la patience. A la voix des souverains pontifes, le génie chrétien se met à l'œuvre. A mesure que les temples se multiplient, que les nations et les peuples s'enrôlent sous la bannière du Christ, on sent davantage le besoin de donner au culte une plus grande magnificence. A la vue de ces immenses basiliques que la foi des fidèles fait jaillir du sol de l'Europe; à la vue de ces larges nefs, de ces voûtes aériennes, l'orgue se sent trop faible et trop petit pour inonder ces espaces immenses de ses flots sonores : bientôt après il s'élargit, il prend des dimensions colossales; il devient, dès le moyen âge, le roi des instruments, le géant de l'harmonie.

Dès le huitième siècle, l'orgue existait déjà, mais Dieu sait avec quelles imperfections! Quand on songe à ces premières orgues dont les touches, aussi rares que larges, ne cédaient qu'à la pression du poing; quand on voit en Angleterre, au dixième siècle, un orgue de quatre cents tuyaux exiger les bras de soixante-dix souffleurs, et qu'on jette les yeux sur l'instrument moderne, avec ses claviers multiples, ses milliers de tuyaux, ses lèvres pneumatiques et ses perfectionnements sans nombre, on se demande vraiment où s'arrêtera le génie de l'homme, et l'on comprend le langage du saint roi qui s'écriait : *Minuisti eum paulo minus ab angelis..., et constituisti eum super opera manuum tuarum.* Oui, mon Dieu, l'homme est bien le roi de la création; et si « vous l'avez placé un peu moins haut que les anges, c'est à lui que vous avez donné toute puissance sur les œuvres sorties de vos mains. »

L'orgue, Mes Frères, — comment parler de l'orgue sans enthousiasme? — l'orgue est comme la fête des sons. Ces belles et aériennes créatures sont invitées à une réunion fraternelle dans ce palais musical; tous les timbres, tous les tons, tous les échos, toutes les imitations de la nature, y sont représentés : le sifflement du vent, dans les sons aigus et perçants des fifres et des hautbois; le bruit sourd de la montagne et de la forêt, dans le grondement des bourdons, et, dans le fracas des bombardes, le bruit des flots en courroux, le mugissement de la tempête, les sourds roulements et les éclats déchirants de la foudre : toutes les forces de la nature se sont réunies; elles sont là, dans le temple sacré, se prosternant et adorant avec nous leur Créateur et leur Maître. « Terre, bénis le Seigneur; fleuves et mers, nuées et foudres, louez le Tout-Puissant. » *Benedicite, omnia opera Domini, Domino.*

Ces mille tuyaux de diverses tailles attendent, dit Cassiodore, le vent des soufflets, qui leur prépare une abondante voix. Des langues de bois ou d'ivoire ont été disposées à l'intérieur; les doigts des maîtres s'y promènent, les pressent savamment, et font éclore la plus suave des harmonies. A cette harmonie, éclose d'abord dans le génie de l'artiste, la création semble se mouvoir, elle monte, et, avec elle, montent les âmes vers les régions sereines de l'idéal; et si ces âmes sont des âmes religieuses, elles ne s'arrêtent pas à cet idéal, qui n'est qu'un reflet de Dieu : elles s'élèvent jusqu'au plus haut du ciel, jusqu'à Dieu lui-même, Dieu l'auteur et le principe de l'harmonie. Oui, Mes Frères, c'est bien là le rôle de l'orgue : noble, majestueux, dominant tous les bruits d'alentour, il force l'âme à se recueillir, et réveille ou développe les sentiments religieux qui y sont enfermés.

Sa séduisante harmonie lui ouvrit l'une après l'autre les portes des temples, et finit par tout envahir. Plus tard, les congrégations romaines en recommandèrent l'usage en certains jours. *Organum debet adhiberi.* Enfin, c'est la joie de notre époque d'avoir vu la sainte liturgie composer pour le bénir une formule spéciale. Vous venez d'entendre le Pontife réciter tout à l'heure cette prière : « Bénissez, Seigneur, cet intrument dédié à votre culte. » *Benedic, quæsumus, hoc instrumentum organi cultui tuo dedicatum.* L'instrument-roi est reconnu publiquement par l'Église, et dans cette bénédiction il reçoit les honneurs du sacre. Regardé désormais comme un fonctionnaire de l'Église, — que l'on me permette l'expression, — il aura ses droits à garder, ses devoirs à remplir : il va devenir l'auxiliaire de la prière chantée.

La foi sait lui donner tous les accents. Voyez comme il se plie à nos fêtes et à nos mystères : il a de l'allégresse pour annoncer la naissance du petit enfant de Bethléem, et imite le chant des bergers ; à la fin du temps consacré à la pénitence, il est joyeux en annonçant à l'Église qu'elle va bientôt quitter ses vêtements de deuil ; il prendra un air de triomphe et de jubilation pour chanter la puissance du Glorieux Ressuscité ; souvent il gémit sur la tombe de nos parents et de nos amis, et on le dirait vraiment doué d'un cœur sensible, quand sa voix entrecoupée de sanglots soupire les strophes du *Dies iræ*. Vienne le jour où notre pauvre patrie, mutilée aujourd'hui après avoir porté dans toutes les parties du monde son drapeau victorieux, aura à enregistrer de nouveaux triomphes, vous le verrez, ce vivant instrument, s'exalter, s'enthousiasmer avec vous, et porter jusqu'aux nues son hymne de joie et de reconnaissance envers le Dieu des armées, le *Te Deum* de la gratitude nationale. Mais écoutez, Mes Frères : Jésus est descendu sur l'autel, le prêtre élève l'hostie et le calice dans ses mains tremblantes, les fidèles sont à genoux dans une muette prière, les anges se taisent et adorent, le temple tout entier est abîmé dans le plus profond recueillement ; et voilà qu'une harmonie céleste se fait entendre et remplit tout l'édifice, planant au-dessus des saintes espèces avec la fumée de l'encens : sons inarticulés, sons à demi voilés, qui annoncent que tout est plongé dans le mystère et l'infini, qui remuent l'âme jusqu'en ses profondeurs les plus intimes, et qui font que l'étranger ou l'indifférent, venu chercher un passe-temps dans le temple saint, étonné, ému, sent son cœur se gonfler, ses yeux se remplir de larmes comme les yeux d'Augustin, et le jettent tout palpitant aux genoux d'un prêtre, qui lui fera entendre des paroles de miséricorde et de pardon. Oh ! l'élévation, le triomphe de l'orgue, pour le bien rendre, il ne suffirait pas d'un artiste de génie, il faudrait une voix du ciel, il faudrait un de ces anges habitués à chanter sur la harpe les louanges de Dieu.

O saintes cérémonies de la religion, que vous êtes

belles! pieux transports de la foi, que vous êtes doux au cœur! Oh! oui! ce sont bien là les fêtes du peuple : celles-là donnent le calme à l'esprit et au cœur; et chacun, au retour, rapporte dans la famille la joie, la paix et le bonheur.

L'orgue est encore et enfin une source de calme et de consolation pour ces pauvres âmes dont la douleur est le pain quotidien, dans cette triste vallée de larmes : *in hac lacrymarum valle.* Comme la harpe de David, qui chassait loin de Saül le démon prêt à envahir son âme, l'orgue, par le charme de ses joyeuses mélodies, chassera loin de vos cœurs les pensées tristes, les sinistres projets, le trouble, et par suite le démon, qui ne vit que dans le trouble et par le trouble. Saint Chrysostome a dit que, pour prévenir les ravages que le démon occasionnait par les chansons impures, Dieu avait donné les psaumes aux fidèles. En entendant la pensée du saint Docteur, ne peut-on pas dire que Dieu a donné l'orgue à son Église comme préservatif de l'orchestre théâtral? Aux envahissements du drame musical, à son action délétère sur l'esprit des masses, à ces concerts, aux fascinations pernicieuses et aux incitations révolutionnaires, c'est encore une providence que de pouvoir opposer, dans toute la richesse et toute la puissance des perfectionnements modernes, l'instrument musical le plus capable de calmer les passions, d'épurer les âmes et d'en retremper la virilité.

Il est donc nécessaire que l'orgue ait ses chants particuliers, ses inspirations à lui, écloses, pour ainsi dire, dans le sanctuaire. Instrument sacré, garde toujours

ton caractère, conserve à jamais la dignité que vient de
te conférer la bénédiction de l'auguste Pontife ; sois aujourd'hui et pour jamais digne de la mission qui vient
de t'être confiée ; et si jamais des doigts imprudents
demandaient à tes claviers des échos du théâtre, réponds
avec la blanche hermine : *Potius mori quam fœdari.*
Ah ! que plutôt se brisent toutes mes langues d'ivoire,
et que ces souffles entassés fassent plutôt éclater
ma poitrine, que de chanter des chansons de Baby-
lone dans la terre du Seigneur, en présence de son
Christ ! O orgue ! souvenez-vous de votre bénédiction.
Vous êtes devenu l'instrument vivant de Dieu, *vivum
Dei organum ;* vous êtes son chantre : ne chantez jamais
que pour Dieu et que les choses de Dieu. Chantez
le Pontife qui vient de vous donner, par la bénédiction de l'Église, votre auguste caractère ; chantez
votre pasteur [1], car il y a ici un accroissement donné
à la gloire de Dieu, un secours préparé aux âmes,
non seulement pour le présent, mais encore pour
l'avenir ; chantez le pieux et intelligent artiste [2] dont
on n'a pas invoqué en vain l'industrie, le talent et
la patience : car, avec le pasteur, il partage l'honneur
d'avoir fait quelque chose, d'avoir fait beaucoup pour
Dieu et pour les âmes. Qu'il accepte cette récom-
pense : elle est plus belle et plus noble qu'un succès
musical. Et maintenant, tous ensemble, Mes Frères,
prosternons-nous aux pieds de Dieu, unissons-nous dans

---

[1] R. P. Vanhaeck.
[2] M. Didier, facteur d'orgues.

un même sentiment de foi religieuse; que de nos lèvres s'échappe un hymne de reconnaissance et d'amour envers le Seigneur, afin qu'un jour nous puissions le chanter éternellement dans le ciel avec les saints. *Laudemus et superexaltemus eum in sæcula.*

AINSI SOIT-IL.

RENNES, ALPH. LE ROY, IMPRIMEUR BREVETÉ

RENNES, ALPH. LE ROY

*Imprimeur breveté.*